nguGreg Bertish nemizobo kaChip Snaddon

**1**

**Kwixesha elingekude, kude kufuphi,
kwidike elihle kwakuhlala isikhetshana esincinane.**

**3**

Esi sikhetshana sasingafani nezinye.
Esi sikhetshana sasinganikezeli.
Isikhetshana i-Optimist sesona sincinane kuzo zonke,
ibe esi sikhetshana i-Little Optimist yayisesona sincinane kuzo.
Sasincinane nyhani ke phofu.

**Kodwa uLittle Optimist wayenentliziyo entle. Enethemba elikhulu.**

Oku kwamkhathaza kakhulu uLittle Optimist. Wayekuthanda ukudada elithanda nedike lakhe, kodwa efuna ukuba sisikhephe senene ahambe kulwandle olukhulu.

**Wayezixelela oku:**
"Kona andinasantya yaye ndimncinane.
Iseyile yam isikwere ibe andimdanga kakhulu.
Kodwa andifani nabanye ndinentliziyo entle.
Ndinamaphupha amakhulu ibe esi sisiqalo nje."

ULittle Optimist wayedla ngokuncokola neXhego uHouseboat owayesisilumko. Kudala ehlala apha.
Wayedla ngokubalisa amabali edike nawolwandle olukude.
ULittle Optimist wayephulaphula aze afunde.

Wafunda ngamaza akha afika aphinda emka.
Wafunda ngemimoya yasentla nasemzantsi eyakha yabhudla.
Wafunda ngemimoya ebhudlayo yaselwandle,
amaza, iingqimba zesanti namatye.
Wakhula wafunda ukhuseleko waza wanolwazi ngamanzi.

**Ixhego leHouseboat lalisazi ukuba uLittle Optimist wayekhethekile. Suku ngalunye wayembukela eqhelisela kwidike, kusina okanye ligqats' ubhobhoyi, kungekho moya, kuvuthuza kukho impepho okanye ubhudla umoya. Izikhephe ezikhulu zazihlekisa ngaye kodwa akazange anikezele.**

**Ixhego leHouseboat lalidla ngokuthi:**
*"Kona akunasantya yaye umncinane.
Iseyile yakho isikwere ibe akumdanga kakhulu.
Kodwa awufani nabanye unentliziyo entle.
Unamaphupha amakhulu ibe esi sisiqalo nje."*

# 13

**Umatiloshe uya kukuxelela ukuba iOptimist sisikhetshana nje sokuhamba kumachibi namadike.**

Kodwa uLittle Optimist wayefuna okungapha koko. Wayekholelwa ukuba unokufika apho enye iOptimist yayingazange ifike khona, kulwandlekazi olukhulu.

Ngabusuku buthile bubandayo kwabhudla umoya.
Inyanga yathi phesele nomsinga ungabonakali.
Kwakhula amaza laza iXhego leHouseboat lantlitheka laphuka.
Yarhuqa iankile yalo, yaqhawuka kubini.

Wandanda phezu kwamanzi. Esimka namanzi phezu komsinga nomoya. Ixhego leHouseboat lacela uncedo likhwaza kodwa lingavakali. Wonk' ubani elele, wakhukuliseka kwidike ukusa kulwandle olukhulu.

Amaza ayequkuqela nolwandle ludlokova.
Ixhego leHouseboat likhwaza licela uncedo.
Lacela umhlobo. Kodwa ngubani owayeza kunceda?

Ngubani idelakufa?
Ngubani owayezakusindisa ixhego lesikhetshana?

Xa kwavela ilanga kwaqala imini entsha, zonke izikhephe zabona ukuba iXhego leHouseboat lalimkile, likhukulisekile, liphetshethiwe.

Zonke izikhephe zakhangela elwandle.
Asikho esasinokuya, asikho esazincamayo.
Ngequbuliso, kwabonakala isikhetshana esincinane,
sifana nesikwere sineseyile encinane, phofu ke ngokutsho kwezinye.

# 21

ULittle Optimist wakhangela kulwandlekazi olukhulu.
Wangcangcazela luloyiko etyhwatyhwa.
Kodwa umhlobo wakhe wayesengxakini,
naye ke phofu eligorha, watsala umoya wolula iseyile.

**Njengokuba wayehamba, wazixelela:**
*"Kona andinasantya yaye ndimncinane.
Iseyile yam isikwere ibe andimdanga kakhulu.
Kodwa andifani nabanye ndinentliziyo entle.
Ndinamaphupha amakhulu ibe esi sisiqalo nje."*

Waphuma kwidike wajolisa elwandle.
Amaza emakhulu nomoya ubhudla kanobomi
wayengasaboni apho avela khona.

ULittle Optimist wayesoyika, kodwa kwakukudala eqhelisela ibe wayenecebo. Yayiliphupha lakhe eli.
Wayezazi ukuba wayeza kuphumelela!

**ULittle Optimist waphenya kanobom. Wayengasoze anikezele. Kude phaya, ngaphaya kwamaza wabona isikhephe esihleli sodwa. Walungisa intambo wasondela enqumla kuloo maza andlongondlongo.**

**Wayeziculela ngaphakathi:**
*"Kona andinasantya yaye ndimncinane.
Iseyile yam isikwere ibe andimdanga kakhulu.
Kodwa andifani nabanye ndinentliziyo entle.
Ndinamaphupha amakhulu ibe esi sisiqalo nje."*

# 27

Onjani umbono! Ixhego leHouseboat lancuma lakubona umhlobo walo ebonakala phezu kwamaza.

endisazi uza kuphumelela. Bendisazi," lakhwaza ngelitshoyo iXhengo LeHouseboat. Wabophelela intambo yakhe wayiqinisa.

Kancinane, ethe chu, uLittle Optimist waphenya ebuyela kwidike erhuqa iXhego leHouseboat walisa kwindawo ekhuselekileyo.

**29** Ezantsi kwedike, ngapha kwesiqithi, waqhubeka. Amangabangaba ematshekile, amahlengesi encumile, izinja zolwandle ziqhwaba izandla ezinye izikhephe zimangalisekile.

Ixhego leHouseboat lalisekhaya likhuselekile. Zonke izikhephe zaphakamisa iiflegi zavuthela amaxilongo kakhulu. ULittle Optimist wayephumelele!

Ekutshoneni kwelanga ngaphesheya kweenduli, konke kwakuthe cwaka kwidike elithi ndijonge. ULittle Optimist wancuma. Wayevuya nyhani uLittle Optimist

Waya kulala, eziculela:
"Kona andinasantya yaye ndimncinane.
Iseyile yam isikwere ibe andimdanga kakhulu.
Kodwa andifani nabanye ndinentliziyo entle.
Ndinamaphupha amakhulu ibe esi sisiqalo nje."

# Isiphelo

Greg and his sons
Photo: Karen Slater

UGreg Bertish usefa kumaza amakhulu, yintshatsheli yaseMzantsi Afrika esindisa abantu emanzini ibe ukhwela iibhodi zasemanzini emi ngeenyawo. Yonke le nto uyiphumeze emva kokusinda kutyando lwentliziyo. UGreg ngummeli-sizwe weChildren's Hospital Trust neNational Sea Rescue Institute, ukwangumseki weShark Spotter Programme. Uye wanceda ekunyuseni ingxowa yale mibutho ngezigidi ezibini zeerandi ukuza kuthi ga ngoku. Uqhubeka ekhuthaza ukuba sempilweni, ukugcina imvelo, ukhuseleko lwamanzi nokuba nethemba. Uncede abantwana abantu abadala ngeentetho zakho, iiprojekthi nokuba lidela-kufa.

## www.thelittleoptimist.org

UKeith Bertish, ngutata wam ibe nguye ondikhuthaze ngeli bali, oobhuti bam uConn noChris neDike laseLangebaan.

Ndilinikezela kumfazi wam uTracy noonyana bethu uKodi noRyder.

Ndibamba ngazibini kwigqirha lam lendlela, umama uFran Bertish, kwaye ngale ncwadi, ndibulela uLulu Fellowes.

Kwekhu, nomzobi wam okushiya ubambe ongezantsi, uChip Snaddon, nomhleli uLisa Templeton.

Enkosi kakhulu ngenkxaso, ukhuthazo nomsebenzi omhle owenzayo; iChildren's Hospital Trust, iNational Sea Rescue Institue, iSpirit Education Foundation neShark Spotters.

Ndibamba ngazibini kwiWarwick Wealth ngenkxaso yabo nakwi-Just Do Good!

Illustrations: Chip Snaddon (Chipsnaddon@portfoliobox.net)
Editor/design: Lisa Templeton
Original doodles and design: Chelsea Patterson
Design and layout: Kimberley Reid and Jincom.com
Book production advice: John Morkel/Lulu Fellowes/Wade Hunkin

ISBN 978-0-6397-9543-0. Text copyright © 2022 Greg Bertish. Illustrations copyright © 2022 Greg Bertish. The rights of the author and illustrator have been asserted in accordance with the Copyright, Designs and Patents act of 1988. All rights reserved. No part of this publication may be reproduced, stored in or introduced into a retrieval system, or transmitted, in any form or by any means (electronic, mechanical, photocopying, recording or otherwise) without prior written permission of the publisher. Published by The Little Optimist Publishing Company, PO Box 4181, Cape Town, 8000.

 **The Little Optimist**

 **@LittleOptimist / @gregbertish**

**Greg Bertish:** www.thelittleoptimist.org

**Foundation:** www.thelittleoptimisttrust.org

**Sailing Therapy:** www.optimistsailingacademy.org

## Zithembe unganikezeli!

Ngo-Aprili 2016, uGreg Bertish wahamba ngesikhetshana esincinane seOptimist ejikeleza Inkanyamba YaseKapa. Wawelela kwiFalse Bay, ejikeleza iNcam YeKapa ebhekise kwidike laseLangebaan kuNxweme OluseNtshona.

Uhambo lweekhilomitha ezingama-200 lwaba lingana neentsuku eziyi-200 awazichitha esesibhedlele esilwa nomosulelo obulalayo wentliziyo.

Wafumana R300 000 ukuze kwakhiwe igumbi Labagula Kakhulu kwiRed Cross War Memorial Children's Hospital.

UGreg uthemba ukuba uhambo lwakhe LOKWENENE ngeLittle Optimist nencwadi ngesikhetshana esinokholo nentliziyo ELUNGILEYO, siya kuncenda ukufundisa abantwana ukubamncinane, ukugula, nabangathath' intweni okanye ukwahluka kwabanye ASIYINTO EMBI. Bazi nabo ukuba bangasinda baze baphumelele.

Eli bali liza kuvuselela abantwana bazithembe, babengcono, baphucule balandele amaphupha abo.

Photo: Jeremy Bagshaw

## Nawe unokunceda!

Kwincwadi nganye ethengiswayo, siza kukunika umntwana ogulayo okanye ongathath' intweni **SIMAHLA**.
Ukuze ufumanise okungakumbi, yaye ubukele ividiyo yohambo lukaGreg: **www.thelittleoptimist.org**

www.ingramcontent.com/pod-product-compliance
Lightning Source LLC
Chambersburg PA
CBHW041325290426

44109CB00004B/127